U0514889

河南省文物考古研究院田野考古报告甲种 第61号

三门峡虢国墓

（第二卷）

第四册

河南省文物考古研究院
三门峡市文物考古研究所　编著
三门峡市虢国博物馆

文物出版社

北京 · 2023

The Guo State Cemetery in Sanmenxia (Vol. 2)

（IV）

(With an English Abstract)

by

Henan Provincial Institute of Cultural Relics and Archaeology
Sanmenxia Municipal Institute of Cultural Relics and Archaeology
Sanmenxia Municipal Museum of Guo State

Cultural Relics Press
Beijing · 2023

彩　版

三门峡虢国墓地远眺（由北向南）

M2009墓底随葬器物（由上向下）

1. 椁室南部铜礼器出土情况（由上向下）

2. 椁室西北部铜礼乐器出土情况（由上向下）

M2009椁室铜礼器出土情况

M2009椁室东南部随葬器物出土情况（由上向下）

M2009外棺盖板上随葬器物出土位置（由上向下）

M2009内棺盖板上随葬器物出土位置（由上向下）

M2009六璜联珠组玉佩出土情况（由上向下）

M2009號仲列鼎（M2009：645、M2009：639、M2009：649、M2009：541、M2009：700、M2009：544、
M2009：650、M2009：624、M2009：655、M2009：660、M2009：609、M2009：682）

1. 虢仲鼎

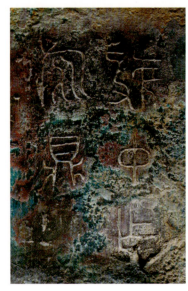

2. 铭文

M2009虢仲铜鼎（M2009：645）

1. 虢仲鼎

2. 铭文

M2009虢仲铜鼎（M2009：639）

1. 虢仲鼎

2. 铭文

M2009虢仲铜鼎（M2009：649）

1. 虢仲鼎

2. 铭文

M2009虢仲铜鼎（M2009：541）

1. 虢仲鼎

2. 铭文

M2009虢仲铜鼎（M2009：700）

1. 虢仲鼎

2. 铭文

M2009虢仲铜鼎（M2009：544）

1. 虢仲鼎

2. 铭文

M2009虢仲铜鼎（M2009：650）

1. 虢仲鼎

2. 铭文

M2009虢仲铜鼎（M2009：624）

1. 虢仲鼎

2. 铭文

M2009虢仲铜鼎（M2009：655）

1. 虢仲鼎

2. 铭文

M2009虢仲铜鼎（M2009：660）

1. 虢仲鼎

2. 铭文

M2009虢仲铜鼎（M2009：609）

1. 虢仲鼎

2. 铭文

M2009虢仲铜鼎（M2009∶682）

1. M2009：502

2. M2009：518

M2009 "C" 形窃曲纹铜鼎（明器）

1. "C"形窃曲纹鼎
（M2009：615）

2. 重环纹鼎
（M2009：560）

M2009铜鼎（明器）

1. M2009：566

2. M2009：646

M2009重环纹铜鼎（明器）

1. M2009：625

2. M2009：477

M2009重环纹铜鼎（明器）

1. M2009：535

2. M2009：542

M2009重环纹铜鼎（明器）

1. 重环纹鼎
（M2009：633）

2. 凸弦纹鼎
（M2009：543）

M2009铜鼎（明器）

1. M2009：479

2. M2009：648

M2009凸弦纹铜鼎（明器）

1. 蝉纹鼎（M2009：617）

2. 素面鼎（M2009：619）

3. 素面鼎（M2009：701）

M2009铜鼎（明器）

M2009虢仲铜鬲（M2009：419、M2009：424、M2009：418、M2009：421、M2009：423、M2009：422）

M2009虢仲铜鬲（M2009：419）

1. 虢仲鬲（M2009：419）铭文　　2. 虢仲鬲（M2009：424）铭文　　3. 虢仲鬲（M2009：418）铭文

M2009虢仲铜鬲（M2009：419、M2009：424、M2009：418）铭文

M2009號仲銅鬲（M2009：424）

M2009虢仲铜鬲（M2009：418）

1. 虢仲鬲

2. 铭文

M2009虢仲铜鬲（M2009：421）

1. 虢仲鬲

2. 铭文

M2009虢仲铜鬲（M2009：423）

1. 虢仲鬲

2. 铭文

M2009虢仲铜鬲（M2009：422）

M2009虢仲铜方甗（M2009：499、M2009：519）

1. 虢仲簋（M2009：653、M2009：664，M2009：704、M2009：526，M2009：662、M2009：474，M2009：663、M2009：651，M2009：610、M2009：495，M2009：744、M2009：644，M2009：652，M2009：743、M2009：656）

2. 虢仲甗（M2009：519）铭文

M2009虢仲铜簋，虢仲铜甗铭文

1. 虢仲簋

2. 盖铭（M2009：653）

3. 器铭（M2009：664）

M2009虢仲铜簋（M2009：653、M2009：664）及铭文

1. 虢仲簋

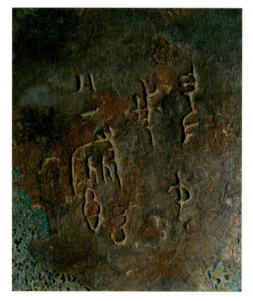

2. 盖铭（M2009：704）

3. 器铭（M2009：526）

M2009虢仲铜簋（M2009：704、M2009：526）及铭文

1. 虢仲簋

2. 盖铭（M2009：662）

3. 器铭（M2009：474）

M2009虢仲铜簋（M2009：662、M2009：474）及铭文

1. 虢仲簋

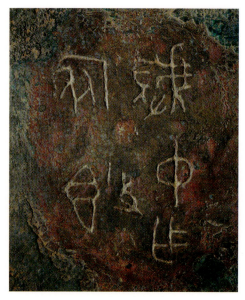

2. 盖铭（M2009：663）

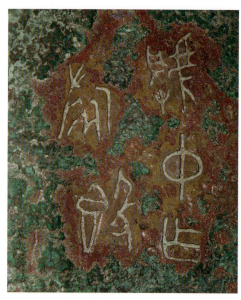

3. 器铭（M2009：651）

M2009虢仲铜簋（M2009：663、M2009：651）及铭文

1. 虢仲簋

2. 盖铭（M2009：610）

3. 器铭（M2009：495）

M2009虢仲铜簋（M2009：610、M2009：495）及铭文

1. 虢仲簋

2. 盖铭（M2009：744）

3. 器铭（M2009：644）

M2009虢仲铜簋（M2009：744、M2009：644）及铭文

1. 虢仲簋

2. 盖铭

3. 器铭

M2009虢仲铜簋（M2009：652）及铭文

1. 虢仲簋

2. 盖铭（M2009：743）

3. 器铭（M2009：656）

M2009虢仲铜簋（M2009：743、M2009：656）及铭文

1. 虢仲簋

2. 盖铭（M2009：745）　　　　　3. 器铭（M2009：670）

M2009虢仲铜簋（M2009：745、M2009：670）及铭文

1. "S" 形窃曲纹簋（M2009：647）

2. 重环纹簋（M2009：487、M2009：468）

M2009铜簋

1. M2009：471

2. M2009：473

M2009重环纹铜簋（明器）

1. M2009：485

2. M2009：481

M2009重环纹铜簋（明器）

1. M2009：709

2. M2009：482

M2009重环纹铜簋（明器）

1. M2009：527

2. M2009：472

M2009重环纹铜簋（明器）

1. M2009：545

2. M2009：480

M2009重环纹铜簋（明器）

1. M2009：497

2. M2009：620

M2009重环纹铜簋（明器）

1. M2009：674

2. M2009：540

M2009重环纹铜簋（明器）

1. 瓦垅纹簋（M2009：568）

2. 素面簋（M2009：634）

M2009铜簋（明器）

M2009虢仲铜盨（M2009：491、M2009：492、M2009：427、M2009：503）

M2009虢仲铜盨（M2009：491）

1. 虢仲盨（M2009：491）盖铭

2. 虢仲盨（M2009：491）器铭

3. 虢仲盨（M2009：492）盖铭

4. 虢仲盨（M2009：492）器铭

M2009虢仲铜盨铭文

M2009虢仲铜盨（M2009：492）

M2009虢仲铜盨（M2009：427）

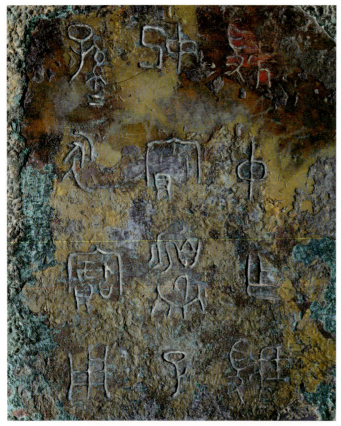

1. 虢仲盨（M2009：427）盖铭

2. 虢仲盨（M2009：427）器铭

3. 虢仲盨（M2009：503）盖铭

4. 虢仲盨（M2009：503）器铭

M2009虢仲铜盨铭文

M2009號仲銅盨（M2009：503）

M2009號仲銅匜（M2009：496、M2009：500、M2009：501、M2009：522）

1. 虢仲匜

2. 盖铭

3. 器铭

M2009虢仲铜匜（M2009：496）

1. 虢仲铜匜

2. 盖铭

3. 器铭

M2009虢仲铜匜（M2009：500）

1. 虢仲匝

2. 盖铭

3. 器铭

M2009虢仲铜匝（M2009：501）

1. 虢仲匜

2. 盖铭

3. 器铭

M2009虢仲铜匜（M2009：522）

1. 虢仲甫

2. 铭文

M2009虢仲铜甫（M2009：520）

1. 虢仲甫

2. 铭文

M2009虢仲铜甫（M2009：521）

M2009虢仲铜圆壶（M2009：425）

1. 盖铭（M2009：425）

2. 器铭（M2009：425）

3. 盖铭（M2009：426）

4. 器铭（M2009：426）

M2009虢仲铜圆壶铭文

M2009號仲銅圓壺（M2009：426）

M2009虢仲铜方壶（M2009：659、M2009：665）

1. M2009：659（盖铭）

3. M2009：672（盖铭）

2. M2009：665（器铭）

4. M2009：672（器铭）

M2009虢仲铜方壶铭文（放大）

M2009虢仲铜方壶（M2009：672）

1. 重环纹方壶（M2009：488）

2. 素面方壶（M2009：467）

3. 素面方壶（M2009：469）

M2009铜方壶（明器）

1. 虢仲盘

2. 铭文

M2009虢仲铜盘（M2009：489）

1. 虢仲盘

2. 铭文

M2009虢仲铜盘（M2009：669）

1. M2009：563

2. M2009：618

3. M2009：517

M2009重环纹铜盘（明器）

1. M2009：564

2. M2009：546

3. M2009：552

M2009素面铜盘（明器）

1. M2009：702

2. M2009：498

3. M2009：556

M2009素面铜盘（明器）

1. M2009：667

2. M2009：677

3. M2009：668-1

M2009素面铜盘（明器）

1. M2009：686

2. M2009：675

3. M2009：557

M2009素面铜盘（明器）

1. 虢仲盉

2. 铭文

M2009虢仲铜盉（M2009：420）

1. 虢仲盉

2. 铭文

M2009虢仲铜盉（M2009：614）

1. "S" 形窃曲纹盉（M2009：671）

2. "S" 形窃曲纹盉（M2009：666）

3. "S" 形窃曲纹盉（M2009：685）

4. 重环纹盉（M2009：534）

M2009铜盉（明器）

1. M2009：537

2. M2009：613

3. M2009：516

4. M2009：689

M2009重环纹铜盉（明器）

1. 重环纹盉（M2009：536）

2. 素面盉（M2009：484）

3. 素面盉（M2009：486）

4. 素面盉（M2009：668-2）

M2009铜盉（明器）

1. 重环纹匜（M2009：622）

2. 重环纹匜（M2009：476）

3. "S" 形窃曲纹匜（M2009：507）

M2009铜匜（明器）

M2009龙纹铜方彝（M2009：681、M2009：706）

1. 龙纹方彝（M2009：559）（修复前）

2. 龙纹方彝（M2009：559）（修复后）

3. 龙纹方彝（M2009：699）

4. "S"形窃曲纹方彝（M2009：567）

M2009铜方彝（明器）

1. 波曲纹方彝（M2009：553）

2. 重环纹方彝（M2009：555）

3. 重环纹方彝（M2009：548）

4. 素面方彝（M2009：673）

M2009铜方彝（明器）

1. 素面方彝（M2009：678）（明器）

3. "S"形窃曲纹方尊（M2009：470）（明器）

2. "S"形窃曲纹方尊（M2009：554）

M2009铜方彝、方尊

1. 虢仲圆尊

2. 铭文

M2009虢仲铜圆尊（M2009：705）

1. 重环纹圆尊（M2009：525）

2. 重环纹圆尊（M2009：565）

3. 素面圆尊（M2009：506）

4. 菌柱爵（M2009：654）

M2009铜圆尊（明器）、菌柱爵（明器）

1. 虢仲爵

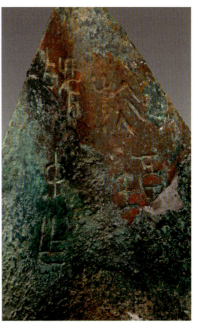

2. 铭文

M2009虢仲铜爵（M2009：683）

M2009 "S" 形窃曲纹铜爵（M2009：688）

1. M2009：509

2. M2009：528

M2009铜菌柱爵（明器）

1. M2009：524

2. M2009：549

M2009铜菌柱爵（明器）

1. 菌柱爵
（M2009：635）

2. 匜形爵
（M2009：684）

M2009铜爵（明器）

1. M2009：611

2. M2009：697

M2009有箍铜觯（明器）

1. 有箍觯（M2009：529）

2. 有箍觯（M2009：696）

3. 有箍觯（M2009：657）

4. 无箍觯（M2009：698）

M2009铜觯（明器）

1. M2009：695

2. M2009：636

3. M2009：694

4. M2009：680

M2009无箍铜觯（明器）

M2009重环纹铜瓿（M2009：478）（明器）

M2009虢仲铜钮钟（M2009：302、M2009：296、M2009：295、M2009：294、M2009：308、M2009：293、M2009：303、M2009：309）

M2009虢仲铜钮钟（M2009：302）

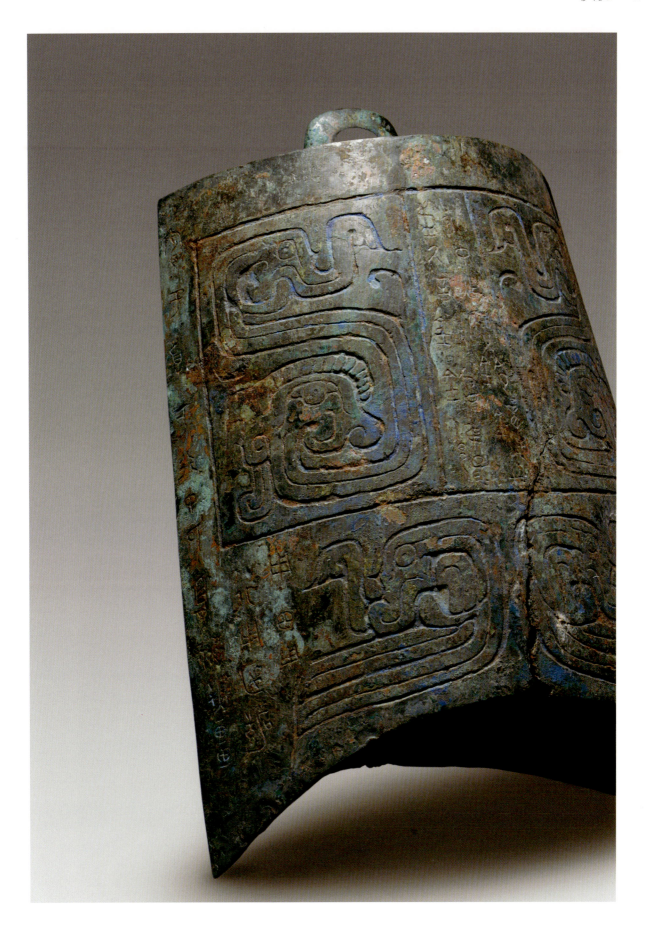

M2009虢仲铜钮钟（M2009：302）正面铭文

M2009虢仲铜钮钟（M2009：296）

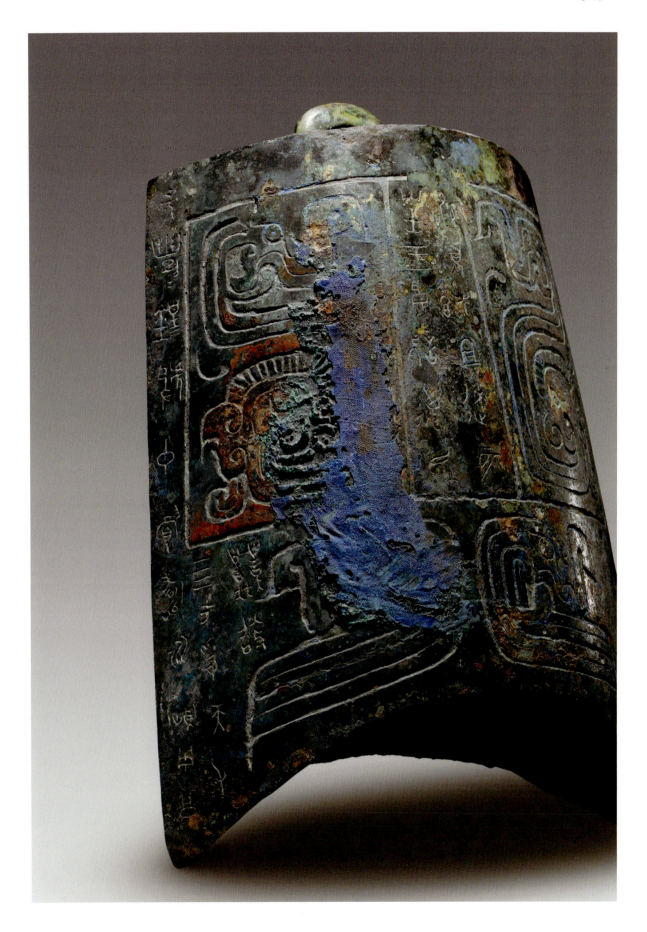

M2009虢仲铜钮钟（M2009：296）正面铭文

M2009虢仲铜钮钟（M2009：295）

M2009虢仲铜钮钟（M2009：295）正面铭文

M2009號仲铜钮钟（M2009：294）

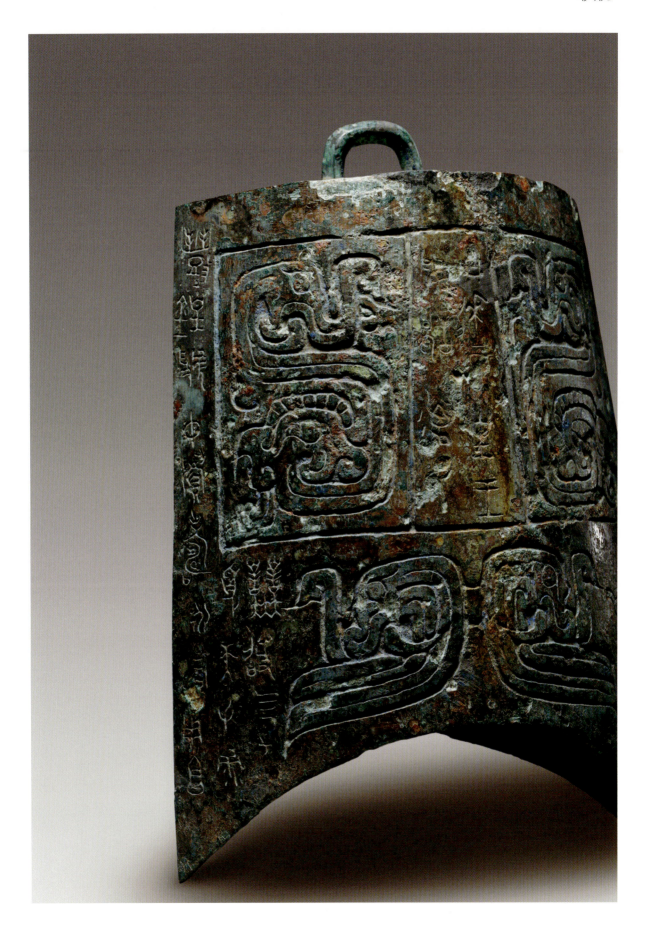

M2009虢仲铜钮钟（M2009：294）正面铭文

M2009虢仲铜钮钟（M2009：308）

1. M2009：308   2. M2009：309

M2009虢仲铜钮钟正面铭文

M2009虢仲铜钮钟（M2009：293）

1.左侧铭文　　　　　　　　　　　　　　　　　2.右侧铭文

M2009虢仲铜钮钟（M2009：293）正面铭文

M2009虢仲铜钮钟（M2009：303）

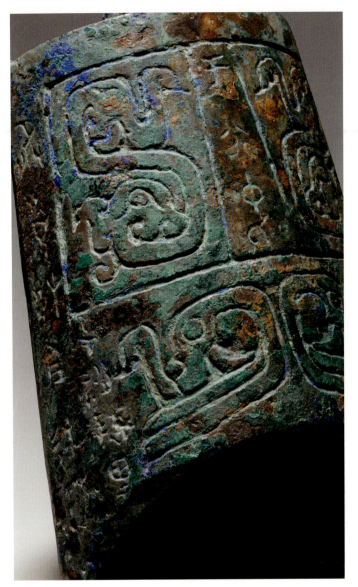

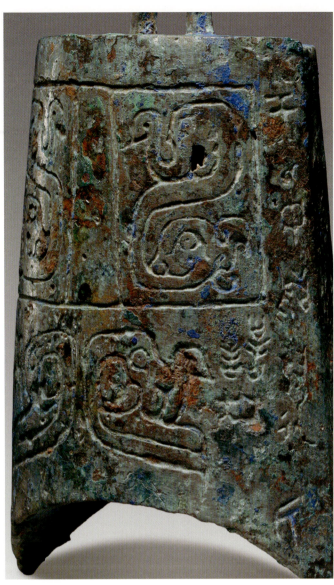

1. 正面铭文

2. 背面铭文

M2009虢仲铜钮钟（M2009：303）铭文

M2009虢仲铜钮钟（M2009：309）

M2009虢仲铜钮钟钩（M2009：475-1～M2009：475-5）

M2009窃曲纹铜甬钟（M2009：253、M2009：279、M2009：288、M2009：291、M2009：297、
M2009：301、M2009：307、M2009：306）

M2009窃曲纹铜甬钟（M2009：253）

M2009窃曲纹铜甬钟（M2009：279）

M2009窃曲纹铜甬钟（M2009：288）

M2009窃曲纹铜甬钟（M2009：291）

M2009窃曲纹铜甬钟（M2009：297）

M2009窃曲纹铜甬钟（M2009：301）

M2009窃曲纹铜甬钟（M2009：307）

M2009窃曲纹铜甬钟（M2009：306）

M2009兽面纹铜钲（M2009：250）

1. M2009：280（正面）

2. M2009：280（背面）

3. M2009：281（正面）

4. M2009：281（背面）

M2009元字铜戈

1. M2009：676（正面）

2. M2009：676（背面）

3. M2009：505（正面）

4. M2009：505（背面）

M2009元字铜戈

1. M2009：504（正面）

2. M2009：504（背面）

3. M2009：693（正面）

4. M2009：693（背面）

M2009元字铜戈

1. M2009：687（正面）

2. M2009：687（背面）

3. M2009：387（正面）

4. M2009：387（背面）

M2009元字铜戈

1. M2009：531（正面）

2. M2009：531（背面）

3. M2009：388（正面）

4. M2009：388（背面）

M2009元字铜戈

1. M2009：326（正面）

2. M2009：326（背面）

3. M2009：532（正面）

4. M2009：532（背面）

M2009元字铜戈

1. M2009：389（正面）

2. M2009：389（背面）

3. M2009：320（正面）

4. M2009：320（背面）

M2009元字铜戈

1. M2009：533（正面）

2. M2009：533（背面）

3. M2009：539（正面）

4. M2009：539（背面）

M2009元字铜戈

1. M2009：692（正面）

2. M2009：692（背面）

3. M2009：300（正面修复后）

4. M2009：300（背面修复后）

M2009元字铜戈

1. M2009：323（正面）

2. M2009：323（背面）

3. M2009：679（正面）

4. M2009：679（背面）

M2009元字铜戈

1. 短胡一穿戈（M2009：377）

2. 中胡一穿戈（M2009：357）

3. 中胡二穿戈（M2009：391）

M2009铜戈

1. 中胡二穿戈（M2009：456）

2. 长胡二穿戈（M2009：318）

3. 长胡三穿戈（M2009：282）

M2009铜戈

1. M2009：322

2. M2009：741

M2009长胡三穿铜戈

1. 长胡三穿戈（M2009：327）

2. 长胡三穿戈（M2009：317）

3. 残胡戈（M2009：511）

M2009铜戈

1. M2009：455

2. M2009：325

3. M2009：691

M2009残胡铜戈

1. M2009：547

2. M2009：360

3. M2009：390

M2009残胡铜戈

1. 残胡戈（M2009：328）

2. 戈（M2009：550）（明器）

3. 残戈（M2009：690）

M2009铜戈

1. M2009：376   2. M2009：729   3. M2009：733

M2009蝉纹铜矛

1. M2009：374　　　　2. M2009：368　　　　3. M2009：375　　　　4. M2009：373

M2009素面铜矛

1. M2009：370   2. M2009：369   3. M2009：372   4. M2009：371

M2009素面铜矛

1. 钺（M2009：261）

2. 圆形盾錫（M2009：245）

3. 圆形盾錫（M2009：233）

M2009铜钺、圆形盾錫

1. 方锥形盾钖（M2009：235）

2. 双翼内收形镞（M2009：579-1、M2009：658-1～M2009：658-6）

3. 双翼外张形镞（M2009：638-1、M2009：638-2）

4. 双翼外张形镞（M2009：244-1、M2009：244-2）

M2009铜盾钖、镞

1. 双翼外张形镞（M2009：658-111）

2. 双翼外张形镞（M2009：658-112）

3. 无翼方锥锋镞（M2009：579-30、M2009：579-31）

4. 锛（M2009：721）

M2009铜镞、锛

1. 锛（M2009：724）

2. 凿（M2009：722）

3. 刻刀（M2009：725、M2009：726）

M2009铜锛、凿、刻刀

1. M2009：714

2. M2009：715

3. M2009：716

4. M2009：717

M2009铜大削

1. 小削（M2009：723）

2. 小削（M2009：1040）

3. 刀（M2009：1041）

4. 重环纹𫚉（M2009：339-1）

M2009铜小削、刀、𫚉

1. 重环纹嘼（M2009：45）

2. 重环纹嘼（M2009：514-1）

3. 重环纹嘼（M2009：451-1）

4. 多棱形嘼（M2009：1053-1）

5. 多棱形嘼（M2009：515-1）

6. 多棱形嘼（M2009：623-1）

M2009铜嘼

1. 素面軎（M2009：641-1）

2. 兽首形辖（M2009：58）

3. 兽首形辖（M2009：62）

4. 兽首形辖（M2009：339-2）

5. 兽首形辖（M2009：283-2）

6. 龙首形辖（M2009：348-2）

7. 素面辖（M2009：289、M2009：66-2、M2009：623-2、M2009：29-2）

M2009铜軎、辖

1. M2009：454

2. M2009：453

3. M2009：458

4. M2009：337

M2009铜銮铃

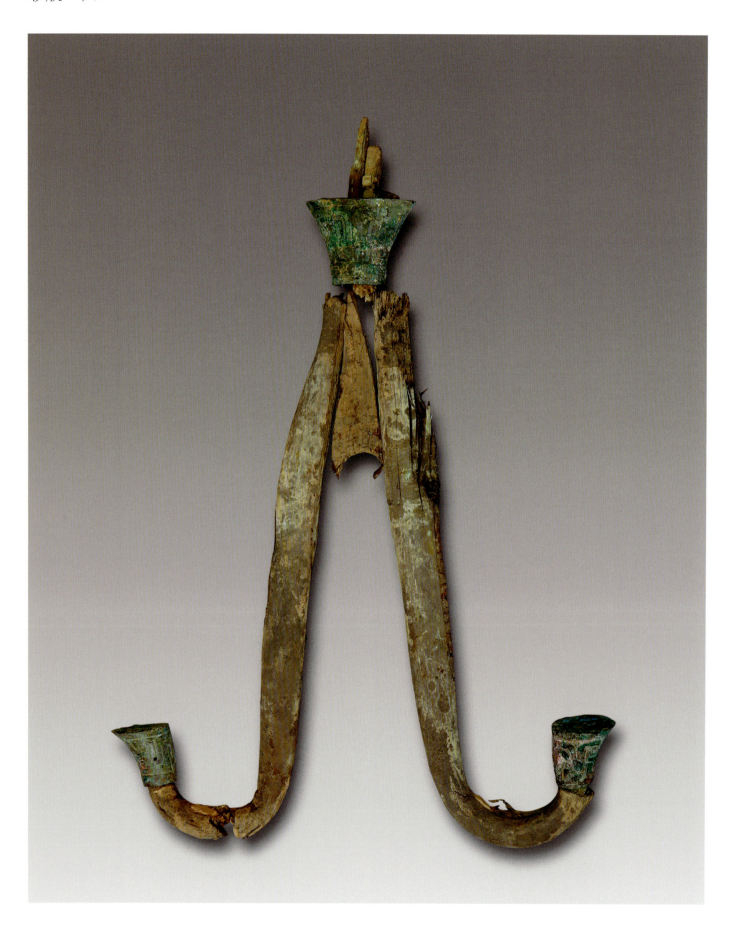

M2009铜轭（M2009：444）

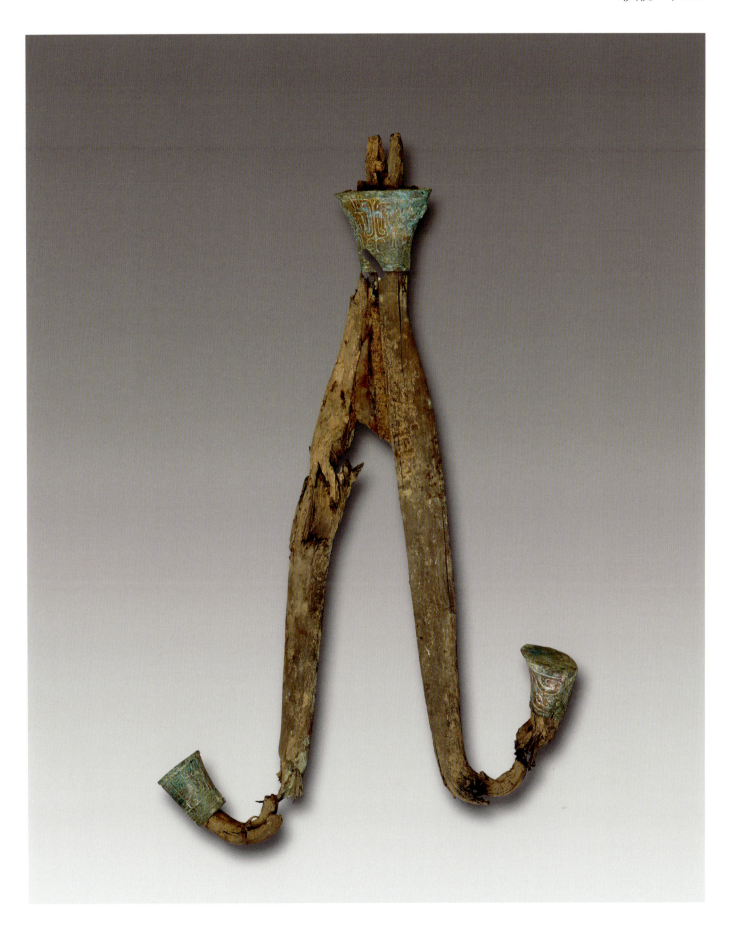

M2009铜轭（M2009：398）

1. 兽面纹轭首（M2009：399-1）

2. 双龙首纹轭足（M2009：459-2）

3. 双龙首纹轭足（M2009：367）

4. 双龙首纹轭足（M2009：362、M2009：380）

M2009铜轭首、轭足

1. 无首镳（M2009：249-2）、衔（M2009：249-1）、无首镳（M2009：249-3）

2. 无首镳（M2009：1051-2）、衔（M2009：1051-1）、无首镳（M2009：1051-3）

M2009铜无首镳、衔

1. 龙首镳（M2009：329-2）、衔（M2009：329-1）、龙首镳（M2009：329-3）

2. 龙首镳（M2009：258-2）、衔（M2009：258-1）、龙首镳（M2009：258-3）

M2009铜龙首镳、衔

1. 龙首镳（M2009：457-2）、衔（M2009：457-1）、龙首镳（M2009：457-3）

2. 龙首镳（M2009：356-2）、衔（M2009：356-1）、龙首镳（M2009：356-3）

M2009铜龙首镳、衔

1. 圆首镳（M2009：596-2）、衔（M2009：596-1）、圆首镳（M2009：596-3）

2. 圆首镳（M2009：364-2）、衔（M2009：364-1）、圆首镳（M2009：364-3）

M2009铜圆首镳、衔

1. 环首镳（M2009：597-2）、衔（M2009：597-1）、环首镳（M2009：597-3）

2. 环首镳（M2009：433-2）、衔（M2009：433-1）、环首镳（M2009：433-3）

M2009铜环首镳、衔

1. M2009：440（正面）

2. M2009：440（背面）

3. M2009：405（正面）

4. M2009：405（背面）

M2009兽面纹铜铃

1. M2009：493（正面）

2. M2009：493（背面）

3. M2009：616（正面）

4. M2009：616（背面）

M2009兽面纹铜铃

1. 兽面纹铃（M2009：483）正面

2. 兽面纹铃（M2009：483）背面

3. "A"形节约（M2009：600-1）正面

4. "A"形节约（M2009：600-1）背面

M2009铜铃、节约

1. 蝉纹十字形节约（M2009：600-5、M2009：600-8、M2009：600-17）

2. 兽面纹十字形节约（M2009：600-26、M2009：600-27、M2009：600-37）

3. "X"形节约（M2009：314-1）

M2009铜节约

1. "X"形节约（M2009：314-3、M2009：314-16、M2009：314-17、M2009：314-23）

2. 络饰（M2009：312-1 ~ M2009：312-6）

3. 兽面形带扣（M2009：392-1）

4. 兽首形大带扣（M2009：393-1）

M2009铜节约、络饰、带扣

1. 兽首形大带扣（M2009：392-2）

2. 兽首形大带扣（M2009：351-1）

3. 兽首形大带扣（M2009：315-1）

4. 兽首形大带扣（M2009：351-2）

5. 兽首形大带扣（M2009：344-1）

6. 兽首形小带扣（M2009：63-1）

M2009铜带扣

1. 兽首形小带扣（M2009：63-2）

2. 牛首形带扣（M2009：61-1）

3. 牛首形带扣（M2009：61-5）

4. 扁筒形大带扣（M2009：40-1）

5. 扁筒形小带扣（M2009：313-1）

M2009铜带扣

1. 圆形小腰（M2009：51-1）

2. 圆形小腰（M2009：51-2）

3. 圆形小腰（M2009：51-3）

4. 圆形小腰（M2009：51-4）

5. 多棱形扁小腰（M2009：52-1）

6. 多棱形扁小腰（M2009：52-2）

7. 圆形环（M2009：321-3、M2009：363-1、M2009：463-1、M2009：599-1）

M2009铜小腰、圆形环

1. 长方形环（M2009：359-1）

2. 长方形环（M2009：359-2）

3. 联钮游环（M2009：267-1）（背）

4. 联环游环（M2009：1062）

5. 棺钉

6. 棺钉（M2009：7-1～M2009：7-3）

M2009铜环、游环、棺钉

1. M2009：384

2. M2009：358

3. M2009：20

4. M2009：23

5. M2009：19

6. M2009：736-1

M2009云纹小铜铃

1. 鱼（M2009：5-1 ~ M2009：5-7）

2. 长方钮合页（M2009：1052-1、
M2009：1052-2）

3. 三通形构件（M2009：712）

M2009铜鱼、合页、构件

1. 三叉形构件（M2009：621-1）

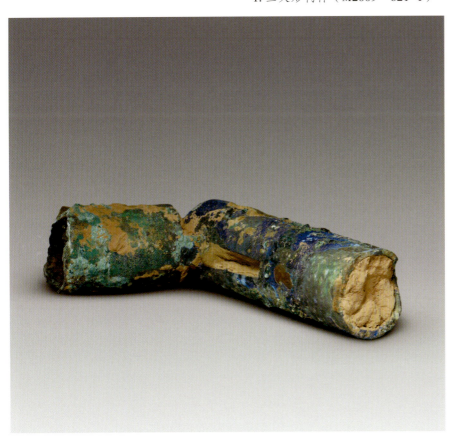

2. 活动型管状构件（M2009：428）

3. 长方形构件（M2009：1071-1）

M2009铜构件

1. 圆帽首形构件（M2009：1072-1～M2009：1072-4）

2. 镂孔长管（M2009：41-1），镂孔"Y"形管（M2009：591-1、M2009：591-2）

M2009铜构件、管

1. 兽面纹圆筒形帽首（M2009：254）

2. 兽面纹圆筒形帽首（M2009：562）

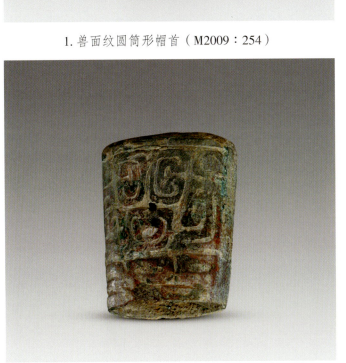

3. 兽面纹扁筒形帽首（M2009：642-1）

M2009铜帽首

1. 蘑菇状帽首（M2009：605-1）

2. 蘑菇状帽首（M2009：605-2）

3. 蘑菇状帽首（M2009：608-1）

5. 素面管状饰（M2009：265-2）

4. 素面管状饰（M2009：265-1）

6. 圆銎锥形饰（M2009：626-1）

7. 圆銎锥形饰（M2009：626-2）

M2009铜帽首、管状饰、锥形饰

1. 三角龙纹带饰（M2009：229）

2. 铜内铁援戈（M2009：703）

3. 铜骹铁叶矛（M2009：730）

M2009铜带饰，铜内铁援戈，铜骹铁叶矛

1. 铜銎铁锛（M2009：720）

2. 铁刃铜刻刀（M2009：732）

3. 铁刃铜刻刀（M2009：727）

4. 铁刃铜刻刀（M2009：731）

M2009铜銎铁锛，铁刃铜刻刀

1. M2009：719-1

2. M2009：719-2

3. M2009：710-1

4. M2009：710-2

M2009铁刃铜削

1. 正面

2. 背面

M2009玉戚（M2009：944）

M2009玉戚（M2009：206）

1. 小臣琮

2. 铭文（放大）

M2009小臣玉琮（M2009：138）

1. M2009：802

2. M2009：932

M2009素面玉琮

1. M2009：934

2. M2009：220

M2009素面玉琮

1. 素面琮（M2009：989）

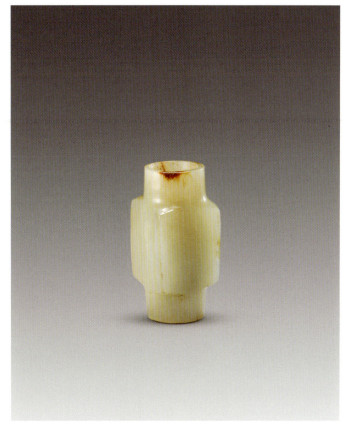

2. 素面琮（M2009：188）

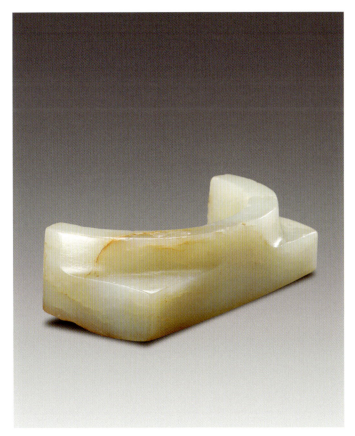

3. 素面琮（M2009：859）

4. 小臣系璧（M2009：1011）铭文（放大）

M2009玉琮、璧

M2009小臣系玉璧（M2009：1011）

M2009刻铭弦纹玉璧（M2009：801）

M2009刻铭弦纹玉璧（M2009：801）铭文

M2009龙纹玉璧（M2009：826）

M2009龙纹玉璧（M2009：1027）

1. M2009：221

2. M2009：225

M2009素面大玉璧

1. M2009：940

2. M2009：223

M2009素面大玉璧

1. M2009：216

2. M2009：1026

M2009素面大玉璧

1. M2009：1010

2. M2009：1028

M2009素面大玉璧

1. M2009：222

2. M2009：1036

M2009素面大玉璧

1. M2009：829

2. M2009：1037

M2009素面大玉璧

1. 小璧（M2009：866）

2. 小璧（M2009：573）

3. 龙纹大环（M2009：215）

M2009玉璧、环

1. 龙纹大环（M2009：827）

2. 素面大环（M2009：830）

M2009玉环

1. 人形璜（M2009：572）

2. 人龙合纹璜（M2009：1032）

3. 人龙合纹璜（M2009：1035）

M2009玉璜

1. 尖尾双龙纹璜（M2009：96）

2. 尖尾双龙纹璜（M2009：809）

3. 素面璜（M2009：98）

M2009玉璜

1. M2009：81

2. M2009：120

3. M2009：757

M2009素面玉璜

1. 龙凤纹戈（M2009：1033）

2. 菱形纹戈（M2009：208）

M2009玉戈

1. M2009：1034

2. M2009：219

3. M2009：1004

M2009菱形纹玉戈

1. M2009：85

2. M2009：102

3. M2009：136

M2009墨书玉戈

1. M2009：115

2. M2009：945

M2009宽援玉戈

1. M2009：942

2. M2009：197

M2009宽援玉戈

1. M2009：941

2. M2009：148

M2009宽援玉戈

1. M2009：201

2. M2009：946

M2009宽援玉戈

1. M2009：943

2. M2009：996

M2009宽援玉戈

1. M2009：149

2. M2009：998

M2009宽援玉戈

1. M2009：212

2. M2009：1005

M2009宽援玉戈

1. M2009：713

2. M2009：103

M2009宽援玉戈

1. 宽援戈（M2009：1017）

2. 窄援戈（M2009：466）

M2009玉戈

1. M2009：1006

2. M2009：707

3. M2009：708

M2009窄援玉戈

1. M2009：80   2. M2009：88   3. M2009：728

M2009玉圭

M2009人龙合纹玉璋（M2009：153）

1. 素面璋（M2009：97）

2. 兽面纹斧（M2009：262）

M2009玉璋、斧

1. M2009：263

2. M2009：264

M2009兽面纹玉斧

M2009玉佩、璜、玦、觿组合发饰

1. "C" 形龙形佩（M2009：959）

3. 鸟形佩（M2009：952）正面

4. 鸟形佩（M2009：952）背面

2. "C" 形龙形佩（M2009：958）

M2009玉佩

1. 鸟形佩（M2009：960）

2. 树形佩（M2009：988）

3. 树形佩（M2009：985）

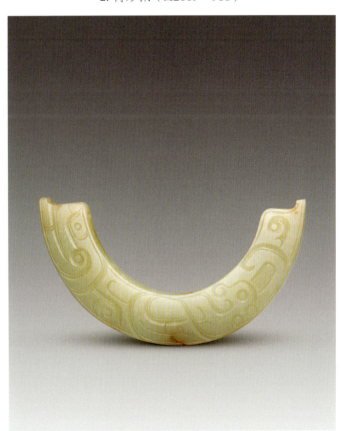

4. 人鱼合纹璜（M2009：951）

M2009玉佩、璜

1. 缠尾双龙纹璜（M2009：965）

2. 尖尾双龙纹璜（M2009：950）

3. 龙首纹璜（M2009：955）

M2009玉璜

1. M2009：954（正面）

2. M2009：954（背面）

3. M2009：967（正面）

4. M2009：967（背面）

M2009人龙合纹玉玦

1. 正面　　　　　　　　　　　　　　　2. 背面

M2009龙纹玉觽（M2009：968）

M2009六璜联珠组玉佩（M2009：980、M2009：970）复原

1. 人龙合纹佩（M2009：980-1）正面

2. 人龙合纹佩（M2009：980-1）背面

3. 龙纹牌（M2009：980-2）正面

4. 龙纹牌（M2009：980-2）背面

M2009玉佩、牌

1. M2009：980-3（正面）

2. M2009：980-3（背面）

3. M2009：980-6（正面）

4. M2009：980-6（背面）

M2009龙纹玉牌

1. 龙纹牌（M2009：980-7）正面　　　　2. 龙纹牌（M2009：980-7）背面

3. 龙纹牌（M2009：980-8）正面　　　　4. 龙纹牌（M2009：980-8）背面

5. 扁方形管（M2009：980-4）　　　　6. 圆形管（M2009：980-5）

M2009玉牌、管

1. 人龙合雕纹璜（M2009：970-1）

2. 透雕人龙纹璜（M2009：970-2）

M2009玉璜

1. 透雕人龙纹璜（M2009：970-3）

2. 叠尾人首纹璜（M2009：970-5）

M2009玉璜

1. 叠尾人首纹璜（M2009：970-6）

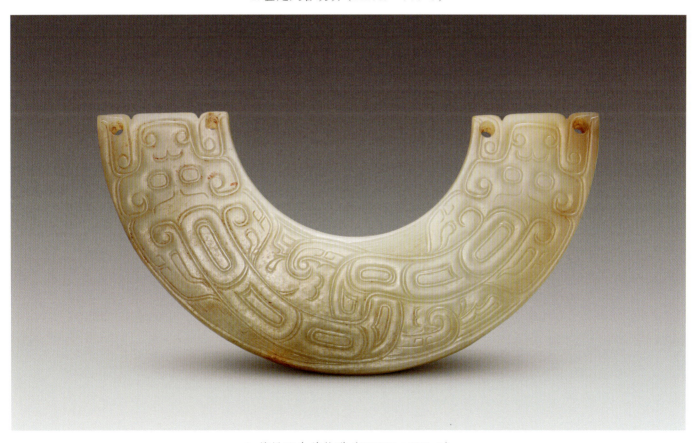

2. 缠尾双牛首纹璜（M2009：970-4）

M2009玉璜

M2009玛瑙珠（管）、料珠（管）与玉佩组合串饰（M2009：738）复原

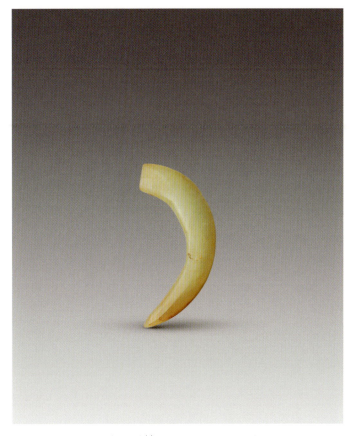

1. 獠牙形觿（M2009：738-1）

4. 长条鱼形佩（M2009：738-11）

5. 长条鱼形佩（M2009：738-12）

2. 长条鱼形佩（M2009：738-6）

6. 长条鱼形佩（M2009：738-16）

3. 长条鱼形佩（M2009：738-7）

7. 长条鱼形佩（M2009：738-17）

M2009玉觿、佩

1. M2009：738-21

2. M2009：738-22

3. M2009：738-26

4. M2009：738-27

5. M2009：738-31

6. M2009：738-32

7. M2009：738-46

8. M2009：738-47

M2009长条鱼形玉佩

1. 长条鱼形佩（M2009：738-51）

2. 长条鱼形佩（M2009：738-52）

3. 长条鱼形佩（M2009：738-57）

4. 弓背鱼形佩（M2009：738-42）

5. 弓背鱼形佩（M2009：738-58）

6. 蚕形佩（M2009：738-36）

7. 蚕形佩（M2009：738-37）

8. 蝉形佩（M2009：738-41）

M2009玉佩

M2009玛瑙珠（管）、料珠（管）、海贝与玉佩组合串饰（M2009：740）复原

1. 扇形坠饰（M2009：740-1）

2. 夔龙形佩（M2009：740-15）

3. 人纹佩（M2009：740-121）正面

4. 人纹佩（M2009：740-121）背面

5. 虎形佩（M2009：740-106）

6. 鸟形佩（M2009：740-37）

M2009玉坠饰、佩

1. 鸟形佩（M2009：740-38）

2. 长条鱼形佩（M2009：740-4）

3. 长条鱼形佩（M2009：740-11）

4. 长条鱼形佩（M2009：740-12）

5. 长条鱼形佩（M2009：740-14）

6. 长条鱼形佩（M2009：740-22）

M2009玉佩

1. M2009：740-23

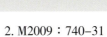

2. M2009：740-31

3. M2009：740-45

4. M2009：740-46

5. M2009：740-57

6. M2009：740-71

M2009长条鱼形玉佩

1. M2009：740-81

2. M2009：740-105

3. M2009：740-110

4. M2009：740-111

5. M2009：740-116（背面）

6. M2009：740-135（背面）

M2009长条鱼形玉佩

1. M2009：740-145

2. M2009：740-158

3. M2009：740-159

4. M2009：740-164

5. M2009：740-165

6. M2009：740-169

M2009长条鱼形玉佩

1. 长条鱼形佩（M2009：740-170）

2. 弓背鱼形佩（M2009：740-5）

3. 弓背鱼形佩（M2009：740-30）

4. 弓背鱼形佩（M2009：740-62）

5. 弓背鱼形佩（M2009：740-63）

6. 弓背鱼形佩（M2009：740-80）

M2009玉佩

1. 弓背鱼形佩（M2009：740-88）

2. 弓背鱼形佩（M2009：740-89）

3. 弓背鱼形佩（M2009：740-97）

4. 弓背鱼形佩（M2009：740-98）

5. 弓背鱼形佩（M2009：740-136）

6. 蚱蜢形佩（M2009：740-120）

M2009玉佩

1. 蚕形佩（M2009：740-115）

2. 直援戈形佩（M2009：740-128）

3. 直援戈形佩（M2009：740-129）

4. 直援戈形佩（M2009：740-152）

5. 弧形戈形佩（M2009：740-56）

6. 弧形戈形佩（M2009：740-146）

7. 弧形戈形佩（M2009：740-153）

8. 条形坠饰（M2009：740-70）

M2009玉佩、坠饰

1. M2009：159（正面）　　　　　　　　2. M2009：159（背面）

3. M2009：869（正面）

4. M2009：869（背面）

M2009人龙合纹玉佩

1. 人龙合纹佩（M2009：907）

2. 人龙合纹佩（M2009：756）

3. 人形佩（M2009：925）正面

4. 人形佩（M2009：925）背面

M2009玉佩

1. M2009：178（正面）

2. M2009：178（背面）

3. M2009：874（正面）

4. M2009：874（背面）

M2009人形玉佩

1. 人形佩（M2009：190）正面

2. 人形佩（M2009：190）侧面

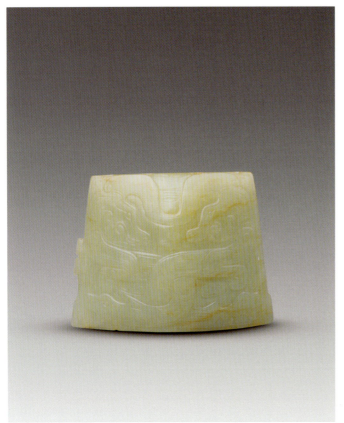

3. 龙纹佩（M2009：816）正面

4. 龙纹佩（M2009：816）背面

1. 龙凤纹佩（M2009：796）

2. 盘龙形佩（M2009：879）

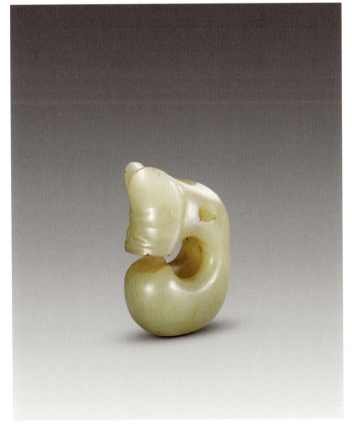

3. 猪龙形佩（M2009：810）正面

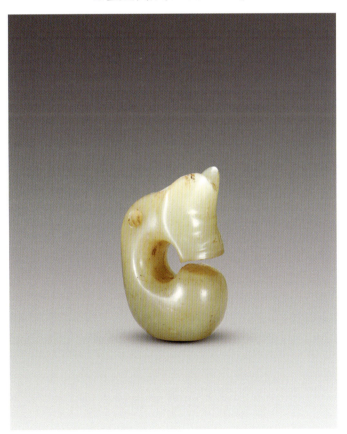

4. 猪龙形佩（M2009：810）侧面

M2009玉佩

1. 衔尾龙形佩（M2009：926）

2. 衔尾龙形佩（M2009：892）

3. 衔尾龙形佩（M2009：833）

4. "C"形龙形佩（M2009：834）

M2009玉佩

1. M2009：182

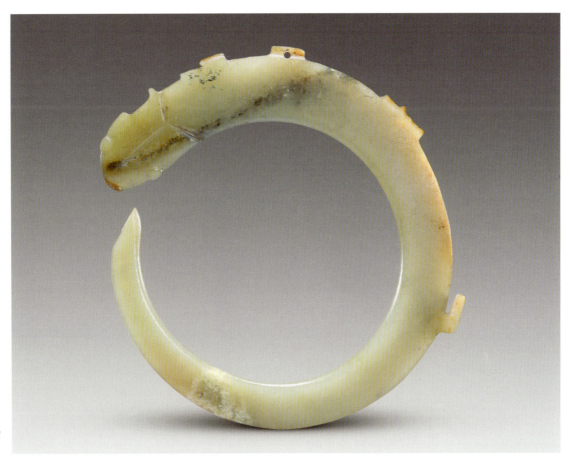

2. M2009：177

M2009 "C" 形龙形玉佩

1. M2009：789

2. M2009：896

3. M2009：888

4. M2009：143

M2009 "C" 形龙形玉佩

1. 夔龙形佩（M2009∶577）　　　　　2. 夔龙形佩（M2009∶163）

3. 鱼尾龙形佩（M2009∶1008）　　　　4. 环形龙形佩（M2009∶764）

M2009玉佩

1. 有榫龙形佩（M2009：213）

2. 兽面形佩（M2009：819）

3. 兽面形佩（M2009：814）

4. 兽面形佩（M2009：906）

M2009玉佩

1. M2009：861

2. M2009：817

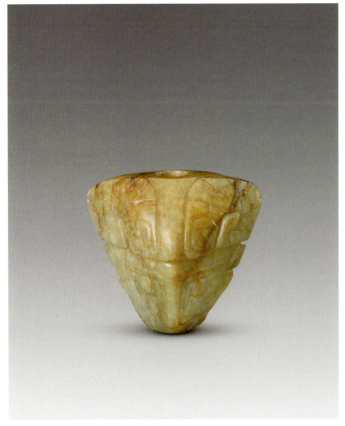

3. M2009：899（正面）

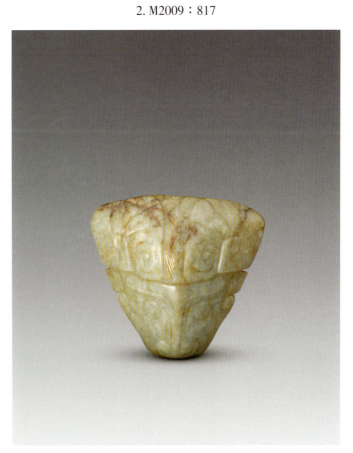

4. M2009：899（背面）

M2009兽面形玉佩

1. M2009：807（正面）

2. M2009：807（背面）

3. M2009：155（正面）

4. M2009：155（背面）

5. M2009：145（正面）

6. M2009：145（背面）

M2009兽面形玉佩

1. M2009：445（正面）

2. M2009：445（背面）

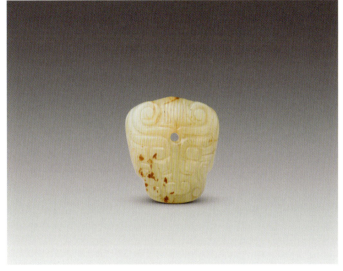

3. M2009：576（正面）

4. M2009：576（背面）

5. M2009：1066（正面）

6. M2009：1066（背面）

M2009兽面形玉佩

1. M2009：758（正面）

2. M2009：758（背面）

3. M2009：898（正面）

4. M2009：898（背面）

M2009虎形玉佩